GERHARD STILZ

Württemberg in den 30er-Jahren

GERHARD STILZ

Württemberg in den 30er-Jahren

Eine fotografische Rundreise mit historischen Aufnahmen von Ernst Schiller

Silberburg-Verlag

EINLEITUNG

Der vorliegende Band bietet eine fotografische Rundreise durch Württemberg mit Bildern aus der ersten Hälfte der dreißiger Jahre des zwanzigsten Jahrhunderts. Die Aufnahmen sind von Seite 10 an alphabetisch nach den historischen Ortsnamen geordnet, wobei die zumeist aus neuerer Zeit stammende Qualifikation »Bad« getilgt wurde. Die Bilder wurden aus heutiger Sicht kommentiert, mit einem Blick für die landesgeschichtlichen Hintergründe sowie für den Wandel, der sich inzwischen vollzogen hat. Das Buch ermöglicht damit Zeitreisen in mehrfacher Hinsicht:

Es dokumentiert die Reisen eines Uhrmachers und nebenberuflichen Fotografen, der von Dienst wegen die Pünktlichkeit der Bahn überwachte und zugleich aufmerksam die Welt ringsherum in seinen Bildern festhielt.

Es eröffnet Reisen in die historische Vergangenheit, die in den abgelichteten Orten und Bauwerken dieses territorial kleinräumigen und zugleich außerordentlich vielfältigen Landes vor uns steht.

Es regt zum Nachdenken an über die Triebkräfte des epochalen Wandels, der in den fast achtzig Jahren seit dem Zeitpunkt der Aufnahmen das Land und seine Städte tiefgreifend verändert hat.

Der Photograph – man möchte fast die alte Schreibung vorziehen, sie entspricht der pointierenden Bedachtsamkeit seiner Bilder – war Ernst Schiller, geboren im Jahr 1900 in Schnait im Remstal, mitten im altwürttembergischen Ländle. Sein Geburtshaus ist das Renaissanceschloss der Herren von Gaisberg. Die verarmten Adligen hatten es schon 1779 preisgünstig an seinen Vorfahren, den umtriebigen Weingärtner Israel Schiller, verkauft. Ernst war ein Wengerterskind, ein Bub, der nach einer missglückten Operation an der Luftröhre aus gesundheitlichen Gründen »etwas lernen durfte«. In Winnenden ging er bei einem Uhrmacher in die Lehre. Als aufgeweckter Altwürttemberger war er in seinen Wanderjahren durch Deutschland gereist, von der Waterkant bis ins bayrische Gebirge, er war durch die Schweiz bis nach Mailand gekommen, wie seine frühen Bilder bezeugen.

Aus einem Seitental des Unterlands ist er aufgestiegen zum gesuchten handwerklichen Spezialisten, zum Feinmechaniker und Optiker beim alteingesessenen und hoch angesehenen Stuttgarter Juwelier- und Uhrengeschäft der Firma Kutter. Seit den zwanziger Jahren im frühmodernen Mittnachtbau an der oberen Königstraße ansässig, waren von dieser Firma (als »herzoglicher Hoflieferant« traditionell die erste einschlägige Adresse in der ehemaligen Residenzstadt) sogar Uhren an Reichskanzler Bismarck oder Polarforscher Nansen geliefert worden. Seit Beginn der dreißiger Jahre war Ernst Schiller von seiner Firma beauftragt, die Uhren im gesamten Bereich der Reichsbahndirektion Stuttgart zu überwachen und sie im Takt zu halten.

Aufgrund seiner Veranlagung und Ausbildung war Ernst Schiller sichtbar begeistert von der Technik, soweit sie sich in der Eisenbahn, in Kraftwerken, in der Stromversorgung, in Brücken und in modernen Gebäuden manifestierte. Aber als Bub vom Land blieb er zugleich sentimentalisch verbunden mit der idyllisch wirkenden, zugleich vital bodenständigen wie marode zerfallenden bäuerlichen und kleinbürgerlichen Erfahrungswelt seiner Jugend. Ironisch und humorvoll betrachtet er das eine wie das andere: hier die Gänseschar auf der Hauptstraße der Kleinstadt, dort den einsamen Motorradfahrer mit Seitenwagen auf der imposanten Autobahn, die in das Niemandsland führt, auf dem sich heute der Stuttgarter Flughafen und das Messegelände breitmachen.

Das Bildarchiv von gut 500 Schwarzweißbildern, im Format 6 x 6 mit einer Rolleicord in den frühen dreißiger Jahren (mehrheitlich wohl 1934–35) aufgenommen, bietet ein außergewöhnliches Panorama, das freilich auch einige Lücken und Grenzen hat:

Es ist hier konzeptionell begrenzt vom Umfang des vorliegenden Bändchens.

Es ist materiell begrenzt durch die heute geradezu wohltuende Konzentration des Fotografen (man hat noch sehr wählerisch, fast malerisch fotografiert, mit Stativ und Geduld, und damit teures Filmmaterial gespart).

Es ist zeitlich begrenzt auf die frühen dreißiger Jahre, in denen der Uhrmacher ein besonders waches Auge für die zwiespältige Ästhetik des Wandels hatte. (Diese Begren-

zung wird freilich durch die Begleittexte explizit aufgebrochen.)

Es ist räumlich begrenzt von der vormaligen Ausdehnung des just 1934 durch die Gleichschaltung der Länder im Dritten Reich »aufgegangenen« Landes Württemberg, aber mit einigen Blicken darüber hinaus (zum Beispiel auf Meersburg, Hechingen, Wimpfen oder Lauda), soweit eben die Stuttgarter Bahndirektion für die richtige Zeit zuständig war.

Es ist selektiv gelenkt von der Reichweite der Bahn, aber nicht rigoros an die Gleise gebunden: Die Bodenseeschifffahrt war von der Reichsbahn verwaltet, und der Fotograf war gut zu Fuß.

Insofern entsteht also doch, bei allen Lücken und Grenzen, ein sozusagen flächendeckendes Bild eines Landes, das hundertdreißig Jahre zuvor durch Napoleons Willen aus äußerst heterogenen, überwiegend ärmlichen herrschafts- und territorialgeschichtlichen Arealen zu einem neuen Königreich Württemberg zusammengeschlossen worden war und sich ab 1845 vor allem mit Hilfe der »Schwäbischen Eisenbahnen« mit zunehmender Geschwindigkeit modernisierte.

Der Beginn der dreißiger Jahre umfasst die Zeit der knapp überwundenen Wirtschaftskrise und des just an die Macht gekommenen Nationalsozialismus. Von beidem ist aber hier an der Oberfläche überraschend wenig zu sehen und zu spüren. Schlichte, oberflächliche Klischees vom alles durchdringenden, alles umfassenden faschistischen Aufbruch werden jedenfalls hier nicht bedient. Das liegt nicht daran, dass die heute störenden Unannehmlichkeiten aus jener Zeit bei der Bildauswahl sorgsam abgewählt oder wegretuschiert worden wären – in der Tat sind auch Hakenkreuzfahnen (wie auch andere Insignien der braunen Macht) auf einzelnen Bildern dokumentiert, in Stuttgart wie in Schwäbisch Gmünd. Offensichtlich hat der Fotograf diese Zeichen durchaus zurückhaltend aufgenommen. Doch immerhin zeigt er, dass die öffentlichen Einrichtungen, vom Rathaus bis zum Maibaum, unübersehbar damit drapiert waren. Dies zu ignorieren ergäbe ein falsches Bild. Das Interesse des Fotografen nimmt diese Zeichen der Zeit wahr, aber marginalisiert sie zugleich bis zur Kuriosität. Vielleicht eine Verharmlosung, möglicherweise ironisch unterlegt wie manches andere in dieser Sammlung, doch auf jeden Fall weitab von der damals herrschenden Propaganda.

Einige historische Hintergründe kehren in den Bildern an ganz unterschiedlichen Orten wieder. Sie verbinden sich zwischen den alten Aufnahmen und den aktuellen Begleittexten zu einem Anflug unterschwelliger Landesgeschichte. Dazu gehört die römische Herrschaft über das Dekumatland südwestlich des Limes um die Zeitenwende, die in Rottenburg, Rottweil, Wimpfen und anderswo heute wieder sichtbar gemachte Spuren hinterlassen hat. Dazu gehört zumal das Wirken der Staufer, namentlich der Kaiser Barbarossa und Friedrich II., deren zahlreiche Stadtgründungen insbesondere im südwestdeutschen Raum als spätere Reichsstädte eine mehr oder weniger illustre Geschichte der Eigenständigkeit durchlaufen haben. Dazu gehört weiterhin die dauerhafte herrschaftsgeschichtliche Konkurrenz und komplizierte verwandtschaftliche Verflechtung und Differenzierung der schwäbisch-alemannischen und fränkischen Fürsten- und Grafengeschlechter: der Habsburger, der Staufer, der Pfalzgrafen von Tübingen, der Württemberger, der Badener, der Hohenzollern, der Kurpfälzer sowie der Herren von Hohenlohe, Waldburg, Montfort und vieler weiterer Grafen und Reichsritter.

Keineswegs zurückhaltend im epochalen Steit um die Territorialherrschaft waren zudem die geistlichen Fürstentümer, angefangen von den Bistümern Mainz und Würzburg, über die Hochstifte Speyer und Augsburg, die Fürstpropsteien und Abteien Ellwangen und Kempten bis hin zu den wohlhabenden Orden der Deutschordensritter und der Johanniter. Aus diesem oft verwirrenden Wettbewerb sind die Grafen von Württemberg, seit dem 11. Jahrhundert im unteren Remstal (mit Stift Beutelsbach) ansässig, mit ihrer Burg auf dem Rotenberg bei Uhlbach, als auf Dauer erfolgreichste Dynastie hervorgegangen. Nach dem verheerenden Reichskrieg gegen König Heinrich VII. verlegte Graf Eberhard (»der Erlauchte«) 1320 den Hof, das Stift und die Grablege der Württemberger nach Stuttgart. In der Folge gründeten sie ihren (zeitweilig von Städtebünden und den Habsburgern gebremsten) Machtzuwachs in dem Vakuum, das die Staufer hinterlassen hatten. Mittel zum territorialen Erfolg waren Heiratspolitik und Gewalt, aber auch Landkauf und Diplomatie, und die tüchtigen Württemberger Grafen wurden für ihre Umtriebigkeit im 15. Jahrhundert mit dem fürstlichen Herzogstitel und schließlich im beginnenden 19. Jahrhundert mit der Ausdehnung ihrer Herrschaft zum Königreich belohnt. Der Reichsdeputationshauptschluss von 1803 hatte mit der Säkularisierung und Mediatisierung geistlicher und reichsunmittelbarer Territorien die Voraussetzungen für einen geschlossenen und prosperierenden modernen Flächenstaat geschaffen, der nun aus dem evangelischen Altwürttemberg und dem überwiegend katholischen Neuwürttemberg zusammengefügt wurde. Dieser blieb bis 1934 stabil und überdauerte sogar die Herrschaft seiner Gründerdynastie um 15 Jahre. In die Details dieser durchweg aufregenden

Geschichte zu gehen, würde hier zu weit führen.

Doch die Bilder Ernst Schillers blicken im Moment der neuen Gleichschaltung des vormaligen Königreichs Württemberg mit dem Dritten Reich verständig und instinktsicher auf die Bausteine der volkstümlichen Erfolgsstory und unterstreichen dabei die historische Vielfalt des Zusammenhangs und die pluralistische Eigenart seiner Elemente. Als einigende Faktoren (sogar über konträre Parteinamen hinweg) treten dabei nicht nur die politischen Bündnisse zutage oder die ebenso entschlossene wie umsichtige Reformation durch die 1534 bzw. 1552 fürstlich etablierte Württembergische Landeskirche, sondern auch die Segnungen der alten Handelswege und Reichsstraßen und schließlich der Königlich-Württembergischen Eisenbahn. Identifikationsstiftend wirkte darüber hinaus das gemeinsame Leid der vielen Stadtbrände, der Bauernkriege und des Dreißigjährigen Kriegs, der vor allem nach der Schlacht bei Nördlingen (1634) große Teile Altwürttembergs verwüstete. Dazu kamen die Überfälle, Plünderungen und Brandschatzungen französischer Truppen am Ende des 17. Jahrhunderts.

Stadt und Land erholten sich seit dem 18. Jahrhundert unter den absolutistischen Fürsten, die sich aber nach wie vor mit den bürgerlichen Landständen (der »Landschaft«) über die Steuermittel zur Hofhaltung und zur Landesentwicklung einigen mussten. Verfassungsgrundlage für diese bemerkenswert frühe parlamentarische Mitbestimmung in Altwürttemberg war der Tübinger Vertrag von 1514, mit dem Herzog Ulrich die Unterstützung der »ehrbaren Bürger« gegen die aufständischen Bauern des »Armen Konrad« erkaufte. Dafür hatte er den Landständen eine Mitsprache bei der Erhebung von Steuern, beim Verkauf von Landesteilen, bei der Gesetzgebung, in Strafsachen, in Angelegenheiten von Krieg und Frieden sowie das Recht zur Auswanderung einräumen müssen.

Der gediegene Aufschwung im neuzeitlichen Württemberg setzte sich kontinuierlich über zwei Jahrhunderte bis zur Moderne fort. Tiefe Einschnitte in diese fortschrittsgläubige Entwicklung brachten der verlorene Erste Weltkrieg und die nachfolgende Wirtschaftskrise mit sich und, mehr noch, die schweren Zerstörungen des Zweiten Weltkriegs.

Mehr als siebzig Jahre sind über die Bilder hinweggegangen, ein Weltkrieg und ein Wiederaufbau. Nicht leicht zu sagen, was davon die Ansichten mehr verändert hat, noch schwerer, ob diese Veränderungen als Fortschritt oder als Niedergang bezeichnet werden müssen. In den großen Städten war es wohl eher der Krieg, der den Wandel herbeigeführt hat: sichtbar insbesondere an den Innenstädten von Stuttgart, Ulm oder Heilbronn. In den Dörfern und Kleinstädten waren sicherlich erst die Modernisierungskräfte der Nachkriegszeit für den oft drastischen Wandel verantwortlich. Rigoros wurden enge Gassen erweitert, ganze Häuserzeilen abgerissen und dafür Parkplätze angelegt. Viel von der (für viele Modernisierer immer noch lästigen) Spitzwegromantik ist so verschwunden.

Sicherlich konnte aber auch vieles vom Alten mit Hilfe des Wohlstands der Moderne bewahrt, restauriert und aufs neue ansehnlich gemacht werden. Der Tourismus der vergangenen fünfzig Jahre und die wachsende Bereitschaft, die historischen Ensembles der Innenstädte und größeren Dörfer vom Durchgangsverkehr zu entlasten und für Bewohner und Besucher gleichermaßen ansprechend zu gestalten, hat zweifellos zur traditionsbewussten Verschönerung des Landes beigetragen. Der anhaltende Reichtum des neuen Bundeslandes Baden-Württemberg, in dem 1952 Württemberg, Baden und Hohenzollern aufgegangen sind, hat es ermöglicht, dass die schwungvolle Abrissbirne mehr und mehr dem sorgsamen Restaurator Platz gemacht hat. Aber auch der Zuzug nichtschwäbischer Mitbürger, insbesondere in den engen historischen Ortszentren, wo unter Umständen eine größere Bescheidenheit an Wohnbedürfnissen erforderlich ist als in den großzügigen Neubauten außerhalb, hat dem schonenden Umgang mit der erhaltenen Bausubstanz insgesamt nicht geschadet. Das Leben in den Straßen, Gassen und Plätzen hat damit eine neue, vitale Komponente erhalten.

Indessen kommen zu den Triebkräften des sichtbaren Wandels auch Sitten und Unsitten, die beim Besuch der alten Blickpunkte und beim Versuch einer vergleichenden »Neuaufnahme« störend ins Auge fallen. Sie stehen sich scheinbar paradox gegenüber und sind doch möglicherweise nur die beiden Seiten derselben Medaille: Innerorts ist es die zunehmende Verunstaltung der Straßen und öffentlichen Plätze durch schreiende, großformatige Werbetafeln und kindische Fahnen, die allenthalben zu beklagen ist. Außerorts ist es die Verbuschung und Verwaldung unserer neuen Parkanlagen und Vorstädte, die den schönen alten Stadtansichten in die Quere kommen. Die weithin unbeherrschte Privatisierung und Kommerzialisierung des öffentlichen Raums scheint

eine Sehnsucht nach Wäldern und naturhaften Scheuklappen auch dort zu schaffen, wo die Stadtgärtner den Blick freihalten müssten für das eine oder andere ästhetisch geglückte Ensemble bürgerlichen Gemeinsinns. Insofern bleibt die vorliegende Zeitreise nicht ganz ohne Anregung zur konstruktiven Kritik am Bestehenden.

Aldingen In dem stattlichen Haufendorf Aldingen nahe Rottweil, schon 1444 mit der Herrschaft Karpfen an Württemberg gekommen, führt die breite Dorfstraße vom Bahnhof stracks ins Ortszentrum zur mehrfach umgebauten, alten Mauritiuskirche. Entlang der inzwischen gepflasterten und asphaltierten Durchfahrt wurden die Straßenränder »aufgeräumt« und die meisten Häuser renoviert. Doch sie sind in ihren Fassaden erkennbar geblieben und tragen damit nach wie vor zu einem freundlichen, traditionsbewussten Ortsbild bei.

Altbach Das Kohlekraftwerk am Neckar in Altbach-Deizisau aus dem Jahr 1899 war energiewirtschaftlich und architektonisch ein Pionierbau der Moderne. Der Stil einer heiteren italienischen Orangerie in offener Flusslandschaft ist inzwischen den gigantischen Nachfolgebauten in der industrialisierten Talzone gewichen. Die hier seit den siebziger Jahren entstandenen Kraftwerkblöcke mit ihren Kühltürmen und Schornsteinen von bis zu 250 Metern Höhe folgen einer gewaltsameren Ästhetik.

Altensteig In steiler Lage baut sich am linken Hang des oberen Nagoldtals seit dem 14. Jahrhundert die Stadt Altensteig auf, von Schlossanlage und Kirche überragt und durch Schenkelmauern geschützt. Neueren Datums ist demgegenüber die Talsiedlung. Sie knüpft an alte Mühlen an und wurde seit dem Ausbau der Reichsstraße von Straßburg über Freudenstadt nach Ulm als Rast- und Umspannstation belebt. Hier nimmt man auch den Wandel der jüngsten Jahre stärker wahr als am malerischen Berghang.

Balingen Diese amphibische Vorstadt in Balingen hatte viel von ihrem mittelalterlichen Charme bewahrt. In dem Streifen zwischen Eyach und Mühlbach war sie seit jeher durch die innere Stadtmauer vor den verheerenden Stadtbränden geschützt. So verblieb diese Ecke mit dem Wasser- oder Diebsturm und dem seit 1936 von Grund auf erneuerten Zollernschloss als Überrest von Balingens alter Stadtbefestigung. Inzwischen wurde die Häuserzeile modernisiert, und nur noch wenige Brücklein führen über den Bach. Aber der Weg lenkt die Besucher zielsicher zu einem südländisch benannten Café.

Beimerstetten Das stattliche Haufendorf Beimerstetten auf der Ulmer Alb zeigt hier noch seine ländliche Struktur in den dicht aneinandergerückten bäuerlichen Anwesen mit ihren eingezäunten Höfen und Vorgärten. Der Wandel zur Pendlergemeinde hat im Ortszentrum Abrisse und Umbauten mit sich gebracht. In den Baulücken sind extensive Parkplätze entstanden. Viele Zäune sind gefallen. Renoviert, aber baulich unverändert, überdauert der Kirchturm.

Besigheim Zwischen zwei Burganlagen auf schmalem, steilem Bergrücken im Mündungszwickel von Neckar und Enz kündet das stattliche Rathaus in Besigheim von der stolzen und wehrhaften Vergangenheit dieser Grenzfestung der Markgrafen von Baden. Nach dem Verkauf an Württemberg (1595), den Schäden des Dreißigjährigen Kriegs und den Zerstörungen durch Franzosen (1693) verlor sie ihre Bedeutung. Das Handwerker- und Weinbauernstädtchen behielt allerdings seinen altertümlichen Charme, der ihm seit dem Anschluss an die Eisenbahn (1848) und einer bescheidenen Industrialisierung zugute kommt.

Beuron Das abgelegene Kloster Beuron im felsenreichen Durchbruchstal der oberen Donau, als Augustiner-Chorherrenstift im 11. Jahrhundert gegründet, fiel durch Säkularisierung 1802 an das Fürstentum Hohenzollern-Sigmaringen. Seine heutige Bedeutung erhielt es erst nach der Neugründung durch die Benediktinerbrüder Maurus und Placidus Wolter (1863). Seitdem lieferte die Erzabtei mit ihren theologischen Forschungsstätten wichtige Impulse für andere Klöster sowie für den katholischen Gottesdienst. Die Bahn hat die romantische Landschaft 1890 für den Wander- und Klettertourismus erschlossen.

Beutelsbach Im Zentrum der Remstalgemeinde Beutelsbach wurde vor vierzig Jahren der Bach überdeckelt und das ausladende Rathaus von »Weinstadt« (einem Konglomerat der Gemeindereform) erbaut. Zugleich wurde sorgsam das ehrwürdige Bild der Stiftskirche mit ihrem ummauerten Kirchhof (ca. 1500) konserviert. Die Grablege der württembergischen Grafen (seit 1080) ist freilich schon 1311 von hier nach Stuttgart verlegt worden. Das altwürttembergische Credo der Remstäler Wengerter vermischt sich mit latentem Rebellentum. Hier brach im Bauernkrieg (1415) der Aufstand des »Armen Konrad« los.

Biberach Nach wie vor überbieten sich in Biberach (aus der Perspektive der Hindenburgstraße) die Zinnen und Türme des »neuen« Rathauses (1497–1503) und der spätgotischen, im Innern barockisierten Stadtpfarrkirche St. Maria und Martin (1585–1587). Die ehemalige Staufer- und Reichsstadt hat mit ihrer ausgewogenen Standes- und Konfessionspolitik als liberales, kreatives, weltoffenes und wohlhabendes Mittelzentrum unbeschadet die Zeiten überdauert. Bis heute ist Biberach inmitten seiner Industrieansiedlungen traditionsbewusst und kulturell vital geblieben.

Bietigheim In Sichtweite der altwürttembergischen Grenzstadt Bietigheim, dem Brückenkopf an der Enz auf dem Weg ins untere Neckarland und zum Rhein, überspannt der 1853 fertiggestellte Eisenbahnviadukt das Enztal. Er stellte die Bahnverbindung über Mühlacker nach Pforzheim und Karlsruhe bzw. Bruchsal her. Das technische Wunderwerk, im Stil an alte römische Aquädukte erinnernd, wurde nach den Zerstörungen des Zweiten Weltkriegs in kaum veränderter Gestalt neu errichtet. Seine Verkehrsbelastung ist mit der Eröffnung der neuen Schnellbahnstrecke Stuttgart–Mannheim reduziert worden.

Böblingen Diese Urlaubsansicht vom Hügel der Böblinger Altstadt schafft eine erholsame Oase inmitten der dynamischen, aber architektonisch amorphen Industrielandschaft der Umgebung. Zwar vermisst man heute über dem oberen Stadtsee das Renaissanceschloss der württembergischen Herzöge. Es wurde bei Luftangriffen im Oktober 1943 zerstört. Doch die Stadtkirche und viele der Häuser am Hang sind wieder errichtet worden: ein historisches Panorama als Kontrast zum modernen Kongresszentrum, das sich inzwischen mit seiner ausgedehnten Säulenhalle von links ins Bild schiebt.

Bopfingen Die ehemalige Reichsstadt aus altem Stauferbesitz am Heerweg zwischen dem kahlen, schon frühgeschichtlich besiedelten Ipf und der im Dreißigjährigen Krieg zerstörten Burg Flochberg hat mit seiner Industrie und neuen Wohnsiedlungen mittlerweile die volle Breite des Egertals ausgefüllt. Auch die Nachbarorte Oberdorf am Ipf sowie Schlossberg, die dank der emanzipatorischen Grafen von Öttingen seit dem 17. Jahrhundert Juden, Bettlern und Hausierern Schutz und eigene Wohnungen boten, sind nach den Rückschlägen des Dritten Reichs in die moderne Entwicklung einbezogen worden.

Boxberg Ein romantisches Bild bietet der Schäfer im Frühsommer vor dem Städtchen Boxberg über der Talniederung der Umpfer. Im Rücken hat man den stattlichen Bahnhof an der Steige aus dem Taubertal aufs Bauland und hinüber nach Möckmühl und Heilbronn. Wenig hat sich hier verändert. Der prächtige Birnbaum steht noch, die Sträucher in der Talzone sind ein wenig höher gewachsen. Boxberg, das 1935 sein Stadtrecht verlor, hat es 1950 wieder erhalten. Auch ohne Schäfer ist – nur drei Kilometer entfernt vom Hochgeschwindigkeitsoval der Firma Bosch aus dem Jahr 1998 – der ländliche Eindruck geblieben.

Ehingen Entgegen der offiziellen Denomination liegt das alte Ehingen nicht direkt »an der Donau«, sondern an ihrem unweit einmündenden Nebenflüsschen Schmiech. Dort hat sich im Anschluss an eine Burg und die Pfarrkirche St. Blasius seit 1343 eine oberösterreichische Verwaltungsstadt mit regelmäßigem Grundriss über der älteren, in die Stadtmauer einbezogenen Flusssiedlung etabliert. Der Turm der St.-Blasius-Kirche erhielt 1959 wieder die hohe Gestalt, die er bis zum Stadtbrand 1749 hatte. Die hier abgebildete Partie an der Schmiech wurde inzwischen sorgsam modernisiert.

Esslingen Von der überdachten Treppe an der Schenkelmauer zur Esslinger Burg überblickt man die alte Reichsstadt am Neckar. Ihre Ursprünge liegen in der Merowingerzeit. Esslingen hat als eine der ältesten und mächtigsten schwäbischen Städte den Aufstieg Württembergs lange bekämpft und in der Folge unter Wirtschaftssperren gelitten. Beherrschend steht die doppeltürmige Dionysius-Kirche inmitten bedeutender historischer Bauten, von denen viele bis in die Gegenwart überlebt haben. In der unmittelbaren Umgebung hat die industrielle Entwicklung die Landschaft großflächig verändert.

Eutingen Die wuchtigen Bauernhäuser, die stattliche Pfarrkirche von 1494 mit dem noch älteren Westturm und die breite Ortsstraße in Eutingen bei Horb verweisen auf die bedeutende Vergangenheit dieser Gäugemeinde. Bis zum Brand von 1685 war das große Haufendorf ummauert. Als Umspannstation an der Überlandstraße zum oberen Neckar (heute B 14) sowie (seit 1874/79) als Bahnknotenpunkt zwischen Nagold und Horb sowie Stuttgart und Freudenstadt hat Eutingen nicht nur seinen robusten ländlichen Charakter, sondern auch seine überörtliche Funktion bewahrt.

Forchtenberg Auf dem Bergsporn zwischen dem Kocher und dem südlichen Nebenflüsschen Kupfer erhebt sich malerisch Forchtenberg. Das hohenlohische Kleinstädtchen hat mit seinen alten bergigen Gassen, seinem südwestlichen Eckturm und den luftigen, die talseitigen Stadtmauern überkragenden Veranden die zerfallene Gründungsburg überlebt. Nach den Fliegerangriffen auf die hier im Zweiten Weltkrieg untergebrachten Produktionsbunker von NSU hat man an vielen Ecken die verlorene Zeit ansprechend konserviert. Auch die alte Burgruine wurde in ihrem ruinösen Zustand erneuert.

Freudenstadt Der Blick vom Marktbrunnen über den großen, quadratischen Zentralplatz von Freudenstadt zeigt den zweiflügeligen Winkelbau der Stadtkirche in der Südwestecke. Die planmäßige württembergische Gründung (1599) der (nie vollendeten) Festungsstadt zum Schutz dreier Schwarzwaldpässe hatte ein grimmig-ironisches Nachspiel: Der Kern des aufstrebenden Luftkurorts wurde beim französischen Einmarsch im April 1945 (stilisiert als »bataille de Freudenstadt«) zerstört. Die Stadtanlage wurde in ihrer Mühlbrettform rekonstruiert, allerdings mit traufständigen Häuserzeilen.

Friedrichshafen Der »neue« Hafenbahnhof in Friedrichshafen, 1933 im Stil der Bauhaus-Architektur eröffnet, machte die Verkehrsverbindungen zwischen der königlich-württembergischen Südbahn (Stuttgart–Ulm–Biberach) und der Schweiz effizienter. Das arme Reichsstädtchen Buchhorn war 1811 durch besondere königliche Gunst mit dem Kloster Hofen zusammengefügt, nach dem frisch gekrönten Friedrich benannt und als Zentrum der Bodenseeschifffahrt und Industriestandort gefördert worden. In der modernen Stadt wurde nach schweren Kriegszerstörungen der Hafenbahnhof wieder errichtet und darin das Zeppelin-Museum untergebracht.

Geislingen Der Alte Zoll, das eindrucksvollste Bauwerk am Marktplatz in Geislingen an der Steige, stammt aus dem 15. Jahrhundert. In seinem Ursprung geht das Gebäude auf die Grafen von Helfenstein zurück, die von hier aus den Handelsverkehr nach Ulm und Augsburg kontrollierten, aber Geislingen schon 1396 an Ulm verkauften. Erst mit der Fertigstellung der Eisenbahn über die Geislinger Steige (1850) gewann das Städtchen im engen Rohrbachtal eine neue Dynamik als Industriestandort. Der historische Bau des Alten Zolls wurde 1958 erneuert.

Giengen Blick durch die Wasserschapfstraße in Giengen an der Brenz. Das Areal um den Spitalhof zum heiligen Geist (heute Volkshochschule) wurde im 15. Jahrhundert in den Mauerring der alten Reichsstadt integriert. Über Jahrhunderte behauptete sich der Provinzmittelpunkt gegen die mächtigeren Nachbarn Ulm, Nördlingen und das württembergische Heidenheim. Besonders deutlich wird auf dem Bild der von Ackerbürgern und Handwerkern geprägte Charakter. Inzwischen ist allerdings auch hier, dank der profitablen Woll-, Filz- und Metallverarbeitung, das dörfliche Milieu verschwunden.

Großsachsenheim
Der dörfliche Charakter von Sachsenheim ist an vielen Ecken auch heute noch durchaus gegeben. Indessen fällt die trutzige Anlage der alten Wehrkirche mit ihrem massiven Chorturm (im Hintergrund) und ihren drei Festungstürmchen ins Auge. Zusammen mit der benachbarten alten Vogtei und dem unweit errichteten zwölfeckigen Renaissancebau des Wasserschlosses der Herren von Sachsenheim (heute Rathaus) erinnern diese Bauten an das alte Stadtrecht. Es wurde zeitweilig vergessen, aber von Herzog Carl Eugen 1747 restituiert.

Grunbach An der alten Straße vom Remstal hinauf nach Buoch ist das historische Zentrum des Weingärtnerdorfs Grunbach hier noch von Leiterwagen in allen Größen gesäumt. Der Blick geht zur hochgestellten, spätgotischen Kirche mit ihrem Chorseitenturm. Die bauliche Substanz des Ortskerns wurde in jüngerer Zeit vom Durchgangsverkehr befreit und ansehnlich renoviert. Allerdings ist das Haus vor der Kirche der neuen Straßenführung zum Opfer gefallen. In der ehemaligen Kelter wurde ein Heimatmuseum untergebracht.

Haigerloch Blick von einem Seitengässchen auf die Steige der Haigerlocher Oberstadt zum sogenannten »Römer«. Der Bergfried hoch über dem linken Eyachufer ist mit seinen barocken Aufbauten, einer Türmerwohnung und einem Glockenstuhl der Rest der ersten Burganlage aus dem 12. Jahrhundert. Sie war der Konkurrenz des heutigen Haigerlocher Schlosses mit der prächtigen Barockkirche auf der Sonnenseite des Tals nicht gewachsen. Die wechselhafte Geschichte der ebenso reizvoll wie abgründig zerklüfteten Kleinstadt hatte zur Folge, dass hier die Fassaden geruhsamer renoviert wurden als anderswo.

Hechingen Ein sonniger Blick eröffnete sich von der Serpentine der alten Schweizer Straße über das Starzeltal mit den Gleisanlagen der Reichsbahn und der Hohenzollerischen Landesbahn auf das landschaftlich schwungvolle Ensemble der Stadt Hechingen und der Burg Hohenzollern. Unweit der frühklassizistischen Stiftskirche St. Jakob (1779–83) qualmt ein Schornstein der damals florierenden Hechinger Textilindustrie. Viele ihrer Mitbegründer entstammten der jüdischen Gemeinde. Sie wurden wenige Jahre später enteignet und starben in der Emigration oder in Konzentrationslagern.

Hechingen Das märchenhafte Schloss Hohenzollern auf dem Zeugenberg der Schwäbischen Alb bei Hechingen ist die dritte Burg an dieser Stelle. Sie wurde 1850 bis 1867 von den preußischen Königen Friedrich Wilhelm IV. und Wilhelm I. (ab 1871 deutscher Kaiser) erbaut. Die Nachkommen der fränkischen Linie der Zollern, die als Burggrafen von Nürnberg, Kurfürsten von Brandenburg und Könige in Preußen auf eine steile dynastische Karriere zurückblickten, demonstrierten damit ihre Verbundenheit mit der Stammburg ihrer schwäbischen Ahnen und zugleich ihren Anspruch auf den Kaiserthron des Deutschen Reichs.

Heilbronn Der Heilbronner Markt zwischen schmuckem Rathaus und der von einem Landsknecht gekrönten Kilianskirche hat Tradition. Schon im 9. Jahrhundert königliche Pfalz der Franken, erhielt Heilbronn vor 1220 das Stadtrecht der Staufer und entwickelte sich zu einer wehrhaften Stütze des Schwäbischen Städtebunds. 1802/03 an Württemberg gefallen, wurde die vormalige Reichsstadt dank ihres Neckarhafens zu einem führenden Industriestandort. Aus den Ruinen des Zweiten Weltkriegs sind nur wenige historische Bauwerke wie die Kilianskirche, das Rathaus und der Deutschhof wieder erstanden.

Herrenberg Der ungewöhnliche Rückblick auf Herrenberg arrangiert die Gleise des Bahnhofs, die massive Westfront der ursprünglich doppeltürmigen Stiftskirche, den Burgberg und den westlichen Ausläufer des bewaldeten Schönbuchs in einer raum-zeitlichen Flucht. Die Stadt, von den Tübinger Pfalzgrafen im 13. Jahrhundert gegründet, ist zum Zentrum des oberen Gäus geworden. Seit dem letzten Stadtbrand von 1635 hat sie, mittlerweile umgeben von industrialisierten Außenbezirken, viel von ihrer alten Bausubstanz gerettet und kultiviert.

Horb Diese souveräne Aussicht geht über die Oberstadt Horbs hinweg – mit der hoch aufragenden Heiligkreuzkirche und dem Schurkenturm als Rest der oberen Burg – in die offenen Talauen des Neckartals mit ihren waldigen Flanken. Wildernde Vegetation am Aussichtspunkt und die Bebauung im Tal stören heute das Bild. Indessen bietet die landschaftlich außerordentlich reizvoll gelegene mittelalterliche Stadt, die eine Gründung der Pfalzgrafen von Tübingen ist, nach wie vor zahlreiche eindrucksvolle Erinnerungen an eine höchst abwechslungsreiche süddeutsche Herrschaftsgeschichte.

Ingelfingen Die alte Kelter von Ingelfingen zeugt hier noch mit ihren Gerätschaften vom intensiven Weinbau an den Kochertalhängen. Über dem Dach schaut die seit dem 15. Jahrhundert ruinierte Burg Lichteneck ins Tal. Das heutige Stadtschloss mit seinem Park verdankt sein Wachstum zwischen 1625 und 1713 den Herren von Hohenlohe-Ingelfingen. Der Verkehr braust inzwischen an dem Städtchen vorbei. Zur Straßenverbreiterung hat man die lange Kelter um zwei Fenster und drei Dachgauben verkürzt, die Naturstein- und Fachwerkfassade aber rekonstruiert. Davor entstanden Parkplätze.

Isny In Isny im Allgäu (das sich 1365 vom Truchsess von Waldburg freikaufte und zur Reichsstadt aufstieg) ist am zentralen Straßenkreuz 1631 das Rathaus neben dem schlanken Blaserturm abgebrannt. Der Rat der kleinen Handelsstadt tagte von 1733 an in dem großen, erkergeschmückten Patrizierhaus schräg gegenüber (Bild). Seit den 1970er-Jahren wurde das gotische Gebäude aufwendig restauriert. Der anhaltende Reichtum des schmucken, nach wie vor ummauerten Städtchens ist heute auch dem Tourismus geschuldet. Die zahlreichen, kunstvollen Wirtshausschilder bezeugen diese Kontinuität.

Jagstfeld Drei Kilometer talab von der Kochermündung fließt die Jagst in den Neckar. Rechts auf der Hochterrasse des Mündungszwickels ist seit dem 8. Jahrhundert der Ort Jagstfeld nachgewiesen, heute Stadtteil von Bad Friedrichshall. Tief im Wasser liegende Kähne tuckern durch die Schotter der Talaue, bergwärts nach Heilbronn, Stuttgart – und mittlerweile bis Plochingen.

Kirchheim Die bürgerlichen Fachwerkhäuser am zentralen Straßenkreuz der Stadtmitte von Kirchheim unter Teck sind mehrheitlich erst nach dem großen Stadtbrand von 1690 entstanden. Einschließlich des Rathauses mit seinem kunstvollen Dachreiter (1724) wurden ihre Fassaden bis heute erhalten und ansprechend renoviert. Während die beachtlichen Strommasten der dreißiger Jahre aus dem Straßenbild verschwunden sind, nehmen heute die Werbetafeln und Auslagen der Geschäfte einen Teil des Verkehrsraums in der Fußgängerzone ein.

Kißlegg Hochsommerlich spiegelt sich die Friedhofskapelle St. Anna im Zellersee bei Kißlegg. Erbaut (1718–23) von den Fürsten zur Waldburg-Wolfegg, wurde sie mit barocken Deckengemälden von Cosmas Damian Asam ausgestattet, der zugleich in Weingarten seine berühmten Fresken schuf. Der Markt Kißlegg auf der Ostseite des Sees prosperierte zwischen den Schlössern der Herren von Schellenberg im Süden (erbaut vor 1600) und der Grafen von Waldburg im Norden (1721-27). Dank der württembergischen Allgäubahn (seit 1870) wurde Kißlegg auch zunehmend für Gewerbe und Sommerfrischler attraktiv.

Königshofen Das Wehr an der Tauber bei Königshofen ist heute mit einem Turbinenhäuschen und einer Wasserspindel sowie einem gemütlichen Pavillon in eine kommunale Uferzone integriert. Das zeitweilig ummauerte Städtchen, aus einem Königshof des 8. Jahrhunderts hervorgegangen, hat eine gewisse Berühmtheit als Ort der Niederlage fränkischer Bauern im Jahr 1525 erhalten. Als Bahnknoten an der hastig errichteten Tauberfront ist es am 1. April 1945 zerstört worden. Das idyllische Ortsbild samt dem mittelalterlichen Turm der Mauriziuskirche mit der barocken Haube wurde leidlich erneuert.

Künzelsau Das Rathaus in Künzelsau, nach einem Ortsbrand 1522 neu errichtet, ist der Mittelpunkt eines Marktfleckens im Kochertal, dessen Bürger angesichts der Händel zwischen ihren konkurrierenden Grundherren eine eigenständige Entwicklung gestalten konnten. Das Stadtrecht wurde formal nie verliehen, setzte sich aber nach der Ummauerung im späten 18. Jahrhundert durch. Der Marktplatz, auf den außer dem Uhrturm des Rathauses auch die Pfarrkirche aus dem frühen 17. Jahrhundert blickt, verrät heute mit seiner jüngsten Ausstattung unübersehbar den industriellen Wohlstand der Gemeinde.

Langenargen Der sommerliche Sonnenuntergang in Langenargen zeigt den Schattenriss des Schlösschens der Herren von Montfort, das 1866 im maurischen Stil erbaut wurde und Königin Olga von Württemberg als Sommersitz diente. Das verspielte Bauwerk folgte an dieser Stelle drei trutzigeren Vorgängerbauten aus dem 14., 15. und 17. Jahrhundert. Zwischen den mächtigen Reichsstädten Lindau und Ravensburg kümmerte Langenargen jedoch bis zur Entwicklung des Fremdenverkehrs. Dafür überdauert im Hafenbereich der liebenswürdige Charakter des alten kleinen Bodensee-Städtchens.

Lauda In der Pfarrstraße in Lauda werden die schmucken Fachwerkhäuser vom Turm der Jakobskirche überragt. Das liebevoll gepflegte Landstädtchen hat eine bunte Herrschaftsgeschichte. Zunächst war die bayerische Gründung durch Kaiser Ludwig nach rothenburgischem Stadtrecht (1344) ans nachbarliche Königshofen gebunden. Nach dem verlorenen Bauernkrieg dominierten seit dem späten 16. Jahrhundert die Würzburger und Mainzer Bischöfe, bis der Ort 1806 zu Baden geschlagen wurde. Neue Bedeutung verdankt Lauda (wie Königshofen) der Bahn, die seit 1866 durchs Taubertal rollt.

Lauffen Der Neckar hat bei Lauffen in vorgeschichtlicher Zeit seine eigene Schlinge abgeschnürt und sie links hinter einem Umlaufberg liegen lassen. Auf dem östlichen Bergsporn, über den Stromschnellen des Durchbruchs, ist ein Ort entstanden, den die Staufer zur Stadt erhoben und die Württemberger noch im 15. Jahrhundert als Grenzfestung brauchten. Darin haben sich Ackerbürger und Weingärtner eingerichtet. Auf der Stadtmauer sitzen friedlich ihre Hausdächer. In den schattigen Hofplätzen nimmt man die rege industrielle Entwicklung im Tal, hinter der Regiswindiskirche, kaum wahr.

Liebenzell Die alten Häuschen am »Kugelberg« in Bad Liebenzell samt den freilaufenden Hühnern und dem Holzvorrat am Wegesrand müssen schon den Stuttgarter Besuchern in den dreißiger Jahren als Inbegriff ländlich-romantischer Idylle erschienen sein. Hier überdauerte die Vergangenheit. In dem krummen Gässle, das von der alten Unterstadt im Seitentälchen der Nagold durch die steilen, sonnigen Gärten am Südhang der Oberstadt zum Rathaus hinaufsteigt, wurden inzwischen sämtliche Gebäude rechts abgerissen und von Flachdachgaragen ersetzt.

Mainau Die Mainau, mit 15 Hektar drittgrößte Insel im »Schwäbischen Meer«, gelangte schon 1271 vom Kloster Reichenau an den Deutschen Orden. Nach dem Reichsdeputationshauptschluss fiel das Eiland 1805 an den badischen Staat, wurde nachmals vom badischen Großherzoghaus erworben und an die schwedische Königsfamilie vererbt. Graf Lennart Bernadotte erkor die Insel zum Wohnsitz und machte sie 1932 als Blumenparadies allgemein zugänglich. Diese Bestimmung wurde nach den Wirren der Kriegs- und Nachkriegszeit wiederhergestellt und im heutigen Konzept der Mainau GmbH festgeschrieben.

Markgröningen Das schmucke Rathaus von Markgröningen aus dem Jahr 1440/41 steht am sonnigen linken Ende der Finsteren Gasse, in der sich hier Gänse tummeln. Von Kaiser Friedrich II. um 1240 als staufischer Stützpunkt im schwäbisch-fränkischen Grenzgebiet angelegt, kam die Reichsstadt 1336 an Württemberg (was Graf Ulrich III. darin bestärkte, die Reichssturmfahne in seinem Wappen zu führen). Ruhig überstand das Landstädtchen mit seiner doppeltürmigen Kirche, seinem großen Marktplatz und seinen ansehnlichen Fachwerkhäusern die Zeit. Erfolgreich kultiviert es seit 1443 den Schäferlauf.

Maulbronn Das Zisterzienserkloster Maulbronn erhielt schon Mitte des 12. Jahrhunderts das staufische Schutzprivileg Friedrich Barbarossas, wurde aber zu Beginn des 16. Jahrhunderts von Württemberg erobert. Säkularisierung und politische Maibäume überstand es als gymnasiale Klosterschule, die zum Studium im Evangelischen Stift in Tübingen hinführt. Die würdevollen Bauten aus Mittelalter und Renaissance sind als Gesamtanlage bis zur Gegenwart bestens erhalten. Doch unter dem Schutz des »Weltkulturerbes« machen sich jetzt knallbunte Marktstände im weiträumigen Klostergelände breit.

Meersburg Das malerische Meersburg – hier der Blick vom Marktplatz hinauf zum Obertor – bietet auf engstem Raum mit mittelalterlicher Burg, barocker fürstbischöflicher Residenz, ummauerter Oberstadt und Unterstadt ein einzigartiges historisches Ensemble (seit 1954 unter Denkmalschutz). Die Burgstadt des Bischofs von Konstanz auf der Klippe über dem »Schwäbischen Meer« war Verwaltungszentrum des Hochstifts. Mit Konstanz fiel Meersburg 1803 an Baden. Regen Besucherverkehr hat Meersburg, flankiert von Häfen der Bodenseeschifffahrt und der Konstanzer Autofähre, auch ohne Bahn erhalten.

Mergentheim Im Renaissanceschloss von Bad Mergentheim wohnt die besondere Geschichte der Metropole des Taubergrunds. Drei Brüder der hohenlohischen Herrschaft hatten schon 1219 ihr Hab und Gut dem Deutschen Orden vermacht. Nach dem Bauernkrieg wurde die Stadt zur stolzen Residenz des Hoch- und Deutschmeisters, dessen Besitz vom Bodensee bis ins Baltikum reichte. Als einziger Ort leistete Mergentheim bewaffneten Widerstand gegen seine württembergische Einverleibung im Jahr 1809. Glauber- und Bittersalzquellen, im Jahr 1826 wiederentdeckt, erleichterten den Übergang in die neue Zeit.

Mitteltal Ein Straßenwart tut hier mit seinem zweirädrigen Karren bei Mitteltal nahe Baiersbronn an der Straße zum Ruhestein seinen Dienst und streut mit seiner Schippe Splitt über den sommerlich erwärmten Teer. So altmodisch die Straßenidylle heute im Zeichen der Asphaltiermaschinen mit ihren grell abgesicherten Bautrupps erscheint, war es doch vor 75 Jahren ein Bild frischer und würdiger Modernisierung im mittleren Schwarzwald.

Münsingen Im 13. bis 14. Jahrhundert mitten auf der rauen Alb städtisch ummauert, besitzt Münsingen einen historischen Stadtkern mit gastlicher Marktstraße, Rathaus und Stadtkirche. Im Schloss (heute Stadtmuseum) wurde 1482 der Münsinger Vertrag geschlossen, mit dem sich die Württemberger Herrschaftssippen auf ein ungeteiltes Territorium einigten. Sein ländliches Gepräge hat Münsingen bewahrt. Als neuer Mittelpunkt des »Biosphärengebiets Schwäbische Alb« hat es nun auch die militärische Vergangenheit des nahen Truppenübungsplatzes aus dem 20. Jahrhundert abgestreift.

Nagold Sommermorgen am Knie der Nagold. Von Westen aus dem Schwarzwald kommend, umschlingt der Fluss den Burgberg der Ruine Hohennagold, nimmt hier die von Süden kommende Waldrach auf und wendet sich nach Norden. Rechts hinter der waldigen Uferallee liegt das historisch bedeutende mittelalterliche Städtchen mit seinen alten Häusern. Der herrschaftliche Fruchtkasten von 1400 und die ehemalige Untere Mühle sind zu sehen. Das stattliche Kornhaus am Rande der vom Durchgangsverkehr befreiten und liebevoll restaurierten Altstadt ist inzwischen zur Polizeistation geworden.

Neckarsulm Die geistliche Herrschaft des Hochstifts Mainz und des Deutschen Ordens sowie Baumeister aus Würzburg und Mergentheim gaben dem Marktplatz von Neckarsulm ein barock überformtes mittelalterliches Gepräge. Die früh industrialisierte Stadt mit Neckarhafen wurde allerdings aufgrund ihrer Fahrzeugproduktion 1945 schwer bombardiert. Nur wenige der alten Fassaden blieben unversehrt oder wurden historisch rekonstruiert. Der Marktbrunnen mit Wappenkreuz und Löwen wurde versetzt. Die Industrie in den Außenbezirken (namentlich NSU Audi Union) hat sich indessen gut erholt.

Neuenstein Kaum verändert begegnet uns heute das Ortsbild in Neuenstein. Das Städtchen der Herren von Hohenlohe wurde im 14. Jahrhundert im Anschluss an eine alte Wasserburg gegründet. Es bezaubert durch sein Rathaus mit dem Glockentürmchen (16./18. Jahrhundert) und andere Fachwerkhäuser. In der imposanten Pfarrkirche (Turmhaube im Hintergrund) greifen die Baustile von der Gotik bis zum Frühbarock ineinander. Das Wasserschloss wurde in der Renaissance zur massiven Vierflügelanlage ausgebaut und ist inzwischen trefflich als Zentralarchiv der Hohenlohe renoviert.

Niederstetten Der Ort hat viele Herren erlebt, bevor er württembergisch wurde: die Hohenloher, die Brandenburger, den Fürstbischof von Würzburg, die Limburger, die Rosenberger, den Feldmarschall von Hatzfeld. Am gründlichsten hat sich das Stadtbild aber durch Bomben und Artilleriebeschuss am 9. und 10. April 1945 verändert. Außer dem Schimmelturm hat keine der abgebildeten Fassaden die Zerstörung überdauert. Doch das Städtchen wurde wiederhergestellt. Indessen ist die alte Schmiede, deren Handwerksbank und zugkräftige Kunden hier noch auf dem Markt stehen, ins Museum gewandert.

Nürtingen Die spätgotische Wehrkirche mit ihrem Turmhelm aus dem 16. Jahrhundert und die seit dem Stadtbrand von 1750 klassizistisch geprägte Neckarfront, davor die Balance von schwungvoller alter Bogenbrücke samt Stauwehr und modernem Flachdach-Turbinenhaus – das ist der Reiz dieses Panoramas im Spannungsfeld von Tradition und Fortschritt. Das eindrucksvolle Bild städtebaulicher Kontinuität konnte, auch mit dem Neubau einer deutlich grobschlächtigeren Neckarbrücke, dank einer gefälligen Ufergestaltung erhalten werden.

Öhringen Das sumpfige, dem Federvieh zusagende Ufer des alten Gerberviertels in Öhringen wird vom Kanal der Ohrn bespült. Die sich links anschließende, vornehme Oberstadt der alten hohenlohischen Metropole deutet sich im Hintergrund mit den beiden Barockgiebeln des Schlosses an. Die Gerberei ist inzwischen als Altenwohnheim gründlich saniert, der Wasserlauf dekoriert reinlich den waldigen Hofgarten. Die herrschaftliche Stadt, einschließlich der frühklassizistischen Karlsvorstadt, wurde, ihrer historischen Bedeutung entsprechend, tüchtig renoviert.

Ostalb Dieses sommerliche Gruppenbild wurde vom Fotografen in einem nicht näher bestimmten Ort auf der Ostalb aufgenommen und, möglicherweise romantisierend, als »Schule im Freien« tituliert. Es vermittelt ein Bild dörflicher Ordnung und erzieherischer Selbstbestimmung, wie es der Realität wohl selten entsprach. Vielleicht befindet sich die fröhliche Gruppe mit ihren Notizblöcken und ihrer nicht unbedingt ländlichen Sonntagskleidung auch auf einem städtischen Ausflug in die »gute alte Zeit«.

Ravensburg Blick auf Ravensburg von der ehemaligen welfischen Veitsburg (heute Jugendherberge), vorbei am »Mehlsack«, dem hochgestellten Wachturm der großen alten staufischen Reichsstadt und Handelsmetropole aus dem 13. Jahrhundert. Man überschaut von rechts nach links wichtige Orientierungspunkte: den Blaserturm am Rathaus, den Gemalten Turm an der Nordwestecke der Stadtmauer, den Kirchturm St. Jodok, den neugotischen Turm der evangelischen Stadtkirche im vormaligen Klosterkomplex der Karmeliter sowie den Untertorturm; dahinter die inzwischen überbaute Schussen-Niederung.

Reutlingen Das Bild Reutlingens zwischen Marktbrunnen, Wilhelmstraße und Marienkirche ist trotz schwerer Kriegsschäden in wesentlichen Zügen erhalten. Nach der Erhebung zur freien Reichsstadt 1240 durch Kaiser Friedrich II. hatte Reutlingen im Konflikt mit der aufstrebenden Grafschaft Württemberg eine wechselvolle Geschichte. Selbst die Schwäbische Eisenbahn traf hier 1859 – wie zwei Jahre später im altwürttembergischen Tübingen – nur auf Umwegen ein. Doch städtebaulich hat sich Reutlingen insgesamt weitaus entschlossener entwickelt und bedenkenloser verwandelt als die universitäre Nachbarstadt.

Riedlingen Von der alten Donaubrücke in Riedlingen sieht man die malerische Mühlvorstadt mit ihren fensterreichen Fassaden und den Zellemeesturm im Hintergrund. Der hohe Turm der Pfarrkirche mit seinem Satteldach verbirgt sich hinter den stattlichen Häusern in der Bildmitte. Die Fassaden wurden mittlerweile zumeist ansprechend renoviert, ein Neubau taktvoll eingefügt. Das alemannische Fachwerk des zum Donauwehr vorspringenden »Mühltörle« wurde 1976 freigelegt und ist heute eines der vielen Schmuckstücke in der alten vorderösterreichischen Donaustadt.

Rottenburg Wo sich in der Rottenburger Unterstadt der Mühlgraben zum Sulzauer Hof öffnet, sieht man hinter den verschachtelten Gebäuden mit ihren ackerbürgerlich genutzten Vorplätzen und Veranden den Turm des Karmeliterklosters (heute Priesterseminar und Diözesanmuseum). Auf den Trümmern der Römerstadt Sumelocenna war Rottenburg (mitsamt dem Stadtteil Ehingen auf der rechten Neckarseite) seit 1381 zu einem vorderösterreichischen geistlichen Zentrum geworden. Das 1821 hier eingerichtete Bischöfliche Ordinariat für das Königreich Württemberg fand Raum im alten Jesuitenkolleg.

Rottweil Ausgrabungen des römischen Municipium Arae Flaviae (1. bis 3. Jahrhundert) lassen Rottweil heute als »älteste Stadt Baden-Württembergs« erscheinen. Der Blick von der Bahnhofstraße zur mittelalterlichen Reichsstadt über dem Neckartal gleitet vom gotischen Turm der Kapellenkirche über die stolzen Bürgerhäuser am Berghang hinab bis zum modernen Viadukt der Reichsstraße und heutigen B 27. Darunter vereinen sich die Gleisanlagen zum Tunnel unter dem Bergsporn. Dieses inzwischen stadtgärtnerisch vernachlässigte Panorama des traditionsreichen Orts wäre immer noch sehenswert.

Saulgau Der schöne gotische Marktbrunnen in Bad Saulgau steht heute noch unangetastet gegenüber der Westfassade der Pfarrkirche aus dem 15. Jahrhundert. Allerdings wurde 1977 das klassizistische Rathaus aus dem Jahr 1820 abgebrochen. Es hat Platz gemacht für einen ansehnlich vergrößerten Markt, der nun auf der Nordseite von knorrigen, um 1400 erbauten, traufständigen Fachwerkhäusern (darunter die ehemalige »Schildwirtschaft zum Schwanen«) abgeschlossen wird. Das Zentrum dieser zwischen 1299 und 1805 vorderösterreichischen »Donaustadt« hat damit an Attraktivität gewonnen.

Schwäbisch Gmünd
Am Gmünder Marktplatz wurden längst das Hakenkreuz und der Reichsadler durch eine Weltkugel und den Erzengel Michael mit Flammenschwert ersetzt. Die Säule blieb. Experiment und Kontinuität haben die erste schwäbische Staufer- und Reichsstadt grundlegend geprägt: die vielfach umgebaute Johanniskirche, deren Turm den Markt überragt; das Heiligkreuzmünster der Parler, Prototyp gotischer Hallenkirchen bis hin zum Prager Veitsdom; und auch das Gmünder Kunstgewerbe, von den Gold- und Silberschmieden des Mittelalters bis zur hier heimisch gewordenen Glasveredelung aus Gablonz.

Schwäbisch Hall Der prächtige Marktplatz am steilen Hang des Kochertals vergegenwärtigt den alten Stolz der Reichsstadt Schwäbisch Hall. Sie lebte von der Salzgewinnung und dem Münzrecht für den »Heller«. Der gotische Marktbrunnen (1509) wird von Röhren aus der kunstvoll verzierten Terrasse gespeist; der gotische Pranger steht für die eigene Gerichtsbarkeit; die großartige Freitreppe (1507) führt theatralisch hinauf zum romanischen Eingangsturm der Michaelskirche; über den Bürgerhäusern thront seit 1533 der gigantische »Neue Bau« – Zeughaus, Getreidespeicher und Theatersaal zugleich.

Schwäbisch Hall Ein würdiger Schäfer zieht mit seiner disziplinierten Herde an der Comburg bei Schwäbisch Hall vorbei. Die Straße zum Bahnhof Hessental wird auch von einem nachfolgenden Auto beansprucht. Darüber thront seit dem 11. Jahrhundert das alte Benediktinerkloster und spätere Chorherrenstift. Es hat nach der Säkularisierung (1803) das württembergische Ehreninvalidencorps und eine Heimvolkshochschule beherbergt und ist heute Staatliche Akademie für Lehrerfortbildung. Die imposanten Gebäude und ihre Ausstattung illustrieren eine kontinuierliche Baugeschichte von zehn Jahrhunderten.

Sindelfingen Die Fachwerkbauten in der Kurzen Gasse am Schaffhauser Platz in Sindelfingen haben den Krieg nicht überstanden. In der Baulücke wurden Bäume gepflanzt. Doch in dem alten Städtchen ist auch vieles heil geblieben und renoviert worden. Im Jahr 1477 lieferte das hiesige Chorherrenstift den personellen und finanziellen Grundstock von Graf Eberhards Universitätsgründung in Tübingen. Der Stiftsbezirk mit der romanischen Martinskirche (um 1130) ist heute noch ein Ruhepol und ästhetisches Gegengewicht zu den rasanten Veränderungen in den industriellen Außenbereichen.

Stuttgart Kaum eines der vom Bahnhofsturm überblickten Gebäude der Stuttgarter Innenstadt hat unbeschadet die Zeit überdauert. Fast die Hälfte wurde durch Bomben zerstört, einige, wie die Stiftskirche, der Tagblatt-Turm oder das Alte und Neue Schloss sind äußerlich rekonstruiert, viele wurden dem modernen »Wiederaufbau« geopfert. Hart trennt jetzt ein breiter Autogürtel die Innenstadt von der umgebenden Bebauung. Doch die alten Strukturen links und rechts der Königstraße blieben erkennbar, und das verkehrsberuhigte, moderne Stadtzentrum wird heute wieder als wohnlich akzeptiert.

Stuttgart Während des Ersten Weltkriegs (1914–1918) wurde der Stuttgarter Hauptbahnhof (seit 1846) von der heutigen Bolzstraße am Schlossplatz zur Schillerstraße (heute Arnulf-Klett-Platz) verlegt. Seit 1922 bündeln sich die sechzehn Gleise des Kopfbahnhofs zwischen den glasbedachten Bahnsteigen vor der frühmodernen, quergestellten Bahnhofshalle von Paul Bonatz. Nach den Zerstörungen des Zweiten Weltkriegs wiederhergestellt, sollen die Anlagen entsprechend den Planungen von »Stuttgart 21« durch einen unterirdischen Durchgangsbahnhof ersetzt und somit überflüssig werden.

Stuttgart Bei der Einmündung der Planie in die Königstraße regelt ein unübersehbarer Schutzmann den überschaubaren Verkehr. Die beiden stattlichen Gebäude rechts sind das Kronprinzenpalais (1846–1850) und der »Große Bazar«: das erste private Kaufhaus der aufstrebenden Residenz, 1835 bis 1837 als Palazzo errichtet. Im Hintergrund reiht sich keck der moderne Mittnachtbau in die großstädtische Fassadenflucht ein. Der Große Bazar musste beim »Wiederaufbau« moderneren Bauten weichen. Anstelle der 1968 abgerissenen Ruine des Kronprinzenpalais glänzt heute der Glaskubus des Kunstmuseums.

Stuttgart Wo sich die Kirchstraße zum Marktplatz öffnet, steht man heute vor dem modernen Rathaus der fünfziger Jahre. Es ersetzt mit seinen kühlen Marmorplatten das im Krieg zerstörte neugotische Gebäude (erbaut 1898–1905), das das mittelalterliche Rathaus samt Stuckfassade von 1582 abgelöst hatte. Auch die anderen alten Bauten sind verschwunden. Nicht einmal der Rathausturm verrät den Vorgänger, der noch leibhaftig in ihm steckt. Doch das Werbeschild des Spielwarengeschäfts, einziger Zeuge der Vorkriegszeit, reitet immer noch unverdrossen, über allen Köpfen, hinein in Stuttgarts wandelbare Stube.

Stuttgart Der lauschige Eindruck vom Stuttgarter Schlossplatz mit den jungen Lindenbäumen und dem Brunnen vor der schmucken Barockfassade der Residenz ist nach schweren Kriegszerstörungen näherungsweise wiederhergestellt worden. So beherbergt heute dieser Bau, die »Laune eines Fürsten«, zwar nicht den Landtag, aber doch immerhin zwei Ministerien. Die bis in die fünfziger Jahre heiß umstrittene Rekonstruktion des Ensembles hat sich mittlerweile als populäre Attraktion ersten Ranges bewährt, auch wenn die schattigen Bäume an den Rand des Platzes getreten sind.

Stuttgart Das Volksfest auf dem Cannstatter Wasen wurde im September 1818 nach einer Hungersnot »zur Aufmunterung der verzweifelten Landwirte« von König Wilhelm I. gestiftet. Traditionell am Wahrzeichen einer hohen Fruchtsäule ausgerichtet, entwickelte sich das »Landwirtschaftliche Hauptfest« zum zweitgrößten Volksfest Deutschlands. Dabei hat sich, wie beim Münchner Oktoberfest, der Charakter von der Landwirtschaftsschau zur einträglichen Attraktion verschoben. An Publikum, ob groß ob klein, mangelt es freilich nach wie vor nicht.

Sulzbach An der Verzweigung der Durchgangsstraßen von Stuttgart nach Schwäbisch Hall bzw. Murrhardt und Gaildorf gelegen, ist der Ortsmittelpunkt von Sulzbach an der Murr in seiner Bausubstanz intakt geblieben. Zwar scheint der Straßenverkehr zu Anfang der dreißiger Jahre hier noch verhalten, doch drei parkende Autos am Rande der breiten Ortsdurchfahrt neben einer Pferdedroschke und dazu eine Autowerkstatt an der Straßenecke – das sind die Vorboten einer neuen Zeit, die man hier freilich dann doch noch rechtzeitig mit einer Umgehungsstraße aus dem Ortszentrum ausgelagert hat.

Tübingen Nur wenig verändert präsentiert sich heute dieser Blick von der Auffahrt zum Tübinger Schloss hinab zur Altstadt mit der Stiftskirche und hinüber zum Österberg mit den stolzen Verbindungshäusern und dem Kaiser-Wilhelm-Turm (heute Österbergturm). Zwar ist nun die alte Linde zerfallen und von einer jungen Linde ersetzt, und die Kaiserhaube auf dem Turm musste einem Rundfunksender weichen. Doch das besondere Flair der schwäbischen Universitätsstadt und südwürttembergischen Verwaltungsmetropole konnte dank geringer Kriegsschäden und einer klugen Renovierungspolitik erhalten und gepflegt werden.

Ulm Als einziger Bau hat das Münster in Ulm die Zerstörung seiner Umgebung überlebt. In der Hirschstraße, hier im Bild, ist aber auf alten Grundrissen wieder ein quirliges Leben entstanden, das in gewisser Weise an die Ulmer Tradition anknüpft. Die ehemalige Staufer- und Reichsstadt lebte von selbstbewusstem Handwerk und weitgespanntem Handel zu Wasser und zu Land. Aus der langen und tiefen Rezession des 17. bis 19. Jahrhunderts hat letztlich nicht Ulms Militarisierung als Bundesfestung, sondern die Öffnung der Grenzen für Wirtschaft, Verkehr und Erfindungsgeist herausgeholfen.

Ulm Technik als Vollendung der Tradition – das erscheint hier noch nicht als Gegensatz. Der Blick über die Gleisanlagen des Ulmer Güterbahnhofs stellt eine perspektivische Verbindung her zwischen dem 1890 nach über fünfhundert Jahren vollendeten Ulmer Münster und dem neuen Prototyp der imposanten Elektro-Lokomotive E 43/44 (dem sogenannten Deutschen Krokodil). Ab 1933 von der AEG geliefert, steht die E-Lok zwischen Schienen und Oberleitungen in einer vom Triumph gotischer Architektur hinterlegten, ungebrochenen Achse des Fortschritts.

Unterkochen Unter der Ruine der Kocherburg vereinigen sich in Unterkochen bei Aalen der Weiße und der Schwarze Kocher und treten aus der Ostalb hinaus ins benachbarte Aalen. Zwischen den Quellflüssen dominiert die Pfarrkirche St. Maria mit ihrer barocken Ausstattung. Das früh industrialisierte Dorf hat seit dem 16. Jahrhundert von Eisenerzfunden und später von der Papierherstellung profitiert und gehört heute zur lebhaften Industriegasse im Talgang zwischen Giengen an der Brenz und Wasseralfingen. Der dörfliche Charakter, hier von der Kellersteige aufgenommen, hat sich gleichwohl kaum verändert.

Unteruhldingen
Die beiden ältesten Rekonstruktionen vorgeschichtlicher Pfahlbauten bei Unteruhldingen im Bodensee aus dem Jahr 1922 sind hier mit dem Treibholz stimmungsvoll in Szene gesetzt. Zwei Filme hatten schon in den zwanziger Jahren für das »Freilichtmuseum deutscher Vorzeit« geworben. Mittlerweile ist das Pfahlbaumuseum als Touristenattraktion mit Exponaten aus der Steinzeit zu einem archäologischen Dorf herangewachsen. Ähnliche Anlagen wurden in Bad Buchau am Federsee (1923–1931), in Sipplingen (1938–1940) und im schweizerischen Arbon am Bodensee (1996–1998) erstellt.

Urach Rechts der (einstigen) »Wirtschaft zum Deutschen Haus« führt die Lange Straße vom schmucken Uracher Marktplatz durchs Seeburger Tal nach Münsingen. Die alte Grafschaft Urach war bereits 1265 an Württemberg verkauft worden. Aus der Wasserburg im Tal entstand das Residenzschloss Graf Eberhards im Bart. Er ist hier geboren, ebenso wie Herzog Christoph, Herzog Ulrichs Sohn. Das Staatsgefängnis Hohenurach wurde 1694 durch Blitzschlag ruiniert. Hingegen haben das Stadtschloss, die spätgotische Amanduskirche und viele Fachwerkhäuser aus dem 15. Jahrhundert überdauert.

Vaihingen Zwischen dem prächtig verzierten Rathaus und dem frühgotischen Turm der Pfarrkirche blickt die Burg Kaltenstein auf den Marktplatz von Vaihingen an der Enz. Die schon im 14. Jahrhundert bedeutende württembergische Grenz- und Zollstadt litt trotz ihrer heute noch eindrucksvollen Befestigungen wiederholt unter Krieg, Pest und Brand. Das Schloss Kaltenstein, im Lauf der Geschichte von der Vaihinger Grafenburg über den württembergischen Vogtsitz zur Kaserne, zum Zuchthaus und zur Außenstelle des Konzentrationslagers Natzweiler heruntergekommen, dient heute als Jugenddorf.

Waldhausen Ein Kuhfuhrwerk zieht durch das Ortszentrum von Waldhausen nahe Lorch an der südlichen Talseite des oberen Remstals. Das alte Kirchlein zu Unserer Lieben Frau (erbaut im 16./17. Jahrhundert) wurde 1955 abgerissen. Der neuen, großen und modernen Martin-Luther-Kirche musste auch das Bauernhaus links auf dem Bild weichen. Das Häuslein im Vordergrund rechts wurde renoviert, die stillen Straßen großzügig in Bordsteinkanten eingefasst und mit weiträumigen Kopfsteinpflasterfliesen weltläufig gemacht.

Waldsee Die reizvoll zwischen Schloss- und Stadtsee gelegene, seit dem 14. Jahrhundert habsburgische Stadt Waldsee war lange und widerwillig an die Herren von Waldburg-Zeil verpfändet. Sie hat seit 1956 als »Bad« vom Kurtourismus profitiert. Die alten klösterlichen Anlagen im nördlichen Teil der Altstadt sind mit ihrer barockisierten Basilika und ihren diagonal ausgerichteten Zwillingstürmen nach wie vor besonders sehenswert: ein lohnender Blick, nicht nur vom Stadtsee her, sondern auch, wie hier, von den barocken, heute zur Kurklinik umgestalteten Diensthäusern des Schlosses.

Wangen In der Herrenstraße der alten Reichsstadt Wangen, 1217 vom Stauferkönig Friedrich II. privilegiert, ist das würdevolle Gepräge mit den alten Brunnen auf der linken Seite, dem Ravensburger (oder Frauen-) Tor im Norden und den schmucken Fassaden samt ihren vergoldeten Wirthausschildern bis in die Gegenwart erhalten. Glück in Kriegszeiten, aber auch der Denkmalschutz, der die Gesamtanlage von Ober- und Unterstadt umfasst, hat dieses Kleinod bewahrt. Wie andernorts ist freilich heute auch hier die Ästhetik der Fußgängerzonen nicht so sehr vom Verfall wie von knalliger Werbung bedroht.

Weikersheim Der Durchgang zum Weikersheimer Schloss wird flankiert von barocken Zirkelbauten, die hier den weiträumigen Marktplatz zusammenfassen. Unverändert wirkt das heitere Bild dieser hohenlohischen Residenzstadt an der Mündung des Vorbachs in die Tauber. Sie wurde im späten 13. Jahrhundert gegründet, ist aber erst mit dem Ausbau der Burg zu einem kostbaren Renaissanceschloss an der Wende zum 17. Jahrhundert sowie mit der Anlage des barocken Schlossgartens zu der Attraktion geworden, deren heutige Bedeutung sich sichtbar an den ausgedehnten Parkplätzen vor den Stadtmauern ermisst.

Weingarten Das Benediktinerkloster Weingarten auf dem Martinsberg war als frühmittelalterliche Gründung reich mit Reliquien und Gütern in Vorarlberg und Tirol gesegnet. Die Grablege der Welfen hat bald die Reichsunmittelbarkeit erhalten und sie unter den Staufern gegenüber der nahen Reichsstadt Ravensburg bewahrt. Der gewaltige Barockbau über dem stadtähnlichen Altdorf an der Zugangsstraße stammt aus dem 18. Jahrhundert. Als Waisenhaus, Erziehungsanstalt, Lehrerseminar und schließlich Pädagogische Hochschule hat die ausgedehnte Klosteranlage die Säkularisierung überdauert.

Weißenstein Der geruhsame Anstieg zum Kirchlein in Weißenstein wird gekrönt von der beflaggten Burgruine, auch Rabeneck genannt. Dieses fein abgestufte Bild am Südhang des Bergsporns im Nagoldtal südlich von Pforzheim hat sich verändert: Die Kirche hat nach einem schweren Kriegsschaden ein neues, größeres Schiff erhalten. Außerdem ist die Moderne auf höchst imposante Weise in die Ruine der alten Burg Weißenstein eingezogen: Ihre Buckelquader tragen inzwischen die mächtige Betonfestung einer Jugendherberge.

Wiesensteig Am Ursprung der Fils wird Wiesensteig schon 861 als Benediktinerkloster genannt. Das Städtchen stand vom 14. Jahrhundert an unter dem Schutz der Helfensteiner Grafen aus Geislingen und wurde dann, halb fürstenbergisch, halb bayerisch, im letzten Jahr des Dreißigjährigen Kriegs von schwedischen Truppen abgebrannt. Mit fürstlicher Hilfe wiederhergestellt, ist Wiesensteig ein ansehnliches Ackerbürgerstädtchen unter dem Albaufstieg der Autobahn geworden. Die von 1903 an hierherführende Schmalspurbahn durchs obere Filstal ist inzwischen wieder abgebaut.

Wildberg Über der mit Gänsen besetzten Nagold reihen sich auf dem Steilhang des Umlaufbergs die aussichtsreichsten Fassaden des Landstädtchens Wildberg. Den rechten Abschluss bildet hier anstelle der 1612 abgebrannten Burg das Amtshaus. Es wurde seinerseits 1945 bei einem Bombenangriff zerstört. Das Brücklein im Mittelgrund (heute durch eine stattliche Straßenbrücke ersetzt) führt zum ehemaligen Frauenkloster Reuthin. Dessen heute noch erhaltene Wirtschaftsgebäude wurden für das Landwirtschaftsamt instand gesetzt.

Wimpfen Von der weiten Biegung des Neckars, kurz vor der Mündung der Jagst, sieht man am linken Ufer die Türme der Stiftskirche Sankt Peter in Wimpfen im Tal, seit dem 9. Jahrhundert erbaut auf den Überresten eines Römerkastells. Dahinter erhebt sich Wimpfen am Berg mit seiner einstmaligen, von Barbarossa errichteten Kaiserpfalz. Die Zerstörungen des Dreißigjährigen Kriegs und die Konkurrenz von Heilbronn haben die Reichsstadt in ein Ackerbürgerstädtchen verwandelt. Seit Mitte des 19. Jahrhunderts wirkt ein Solebad und die Pflege der Ruinen der Kaiserpfalz dieser Bescheidung entgegen.

Winterbach Die bäuerliche Idylle des früh industrialisierten Unterzentrums Winterbach im mittleren Remstal hat sich gründlich gewandelt. Nachdem in den sechziger Jahren die geplante Westumfahrung nach Engelberg und auf den Schurwald zurückgestellt wurde, musste die Ortsmitte für den Durchgangsverkehr saniert werden. Das historische Ensemble aus Fachwerkhäusern, Marktbrunnen und der frühgotischen Wehrkirche mit ihrem massiven Chorturm wurde baulich konzentriert und übersichtlich in einem musealen Sektor der alten Ortsmitte zusammengerückt.

ANHANG

Ergänzende Bildlegenden

Vorderes Vorsatzblatt:
Der Uhrmachermeister Ernst Schiller

Seite 1:
Plüderhausen / Uhrmachermeister Ernst Schiller, in den frühen dreißiger Jahren für den richtigen Gang der Uhren im Bereich der Bahndirektion Stuttgart zuständig, bei der Arbeit am Bahnhof Plüderhausen. Das stattliche Gebäude, 1861 mit der Inbetriebnahme der Remstalstrecke eingeweiht, wurde 1971 abgebrochen und durch einen flachen Betonbungalow ersetzt. Wie durch einen Zufall brannte auch ein Jahr später der Güterschuppen im Hintergrund (Baujahr 1862) bis auf die Grundmauern nieder.

Seite 2/3:
Echterdingen | Einsam rattert ein Motorradfahrer mit Seitenwagen über die Betonplatten der neuen Autobahn ins Unbestimmte. Im dunstigen Hintergrund deuten sich links der Schurwald und rechts die Filderhöhen an. Eine Ahnung von der Schwäbischen Alb bleibt im Dunst des Vorfrühlings. Heute streift hier die verbreiterte und von Beschleunigungs- und Verzögerungsspuren begleitete A 8 die neue Stuttgarter Messe. In der langgezogenen Linkskurve überspannt deren Parkhaus den massiven Verkehr, und dahinter ragen die Bauten des ab 1936 von Böblingen hierherverlegten Flughafens in den Horizont.

Seite 5:
Stuttgart / Von einem erhöhten Blickpunkt überschaut man die Schienenfächer im Norden des Stuttgarter Hauptbahnhofs: links die vier Gleise der Gäubahn und zum Pragsattel, rechts die Schienen des Abstellbahnhofs vor dem Rosensteinpark. Die vier Gleise nach Bad Cannstatt haben sich schon im Untergrund nach rechts zum Rosensteintunnel verabschiedet. Insgesamt wird das ausgedehnte Bahnareal von dieser Stelle verschwunden sein, sobald das Projekt »Stuttgart 21« realisiert ist. Städtische Wohn- und Geschäftsviertel sowie erweiterte Parkanlagen sollen sich hier erstrecken.

Seite 6:
Lonsee / Im oberen Lonetal gelegen, seit 1850 an der Bahnlinie Stuttgart–Ulm, war Lonsee schon im 13. und 14. Jahrhundert mit Mauern und Toren befestigt. Der Ort war von seinem Grundherrn, dem Pfalzgrafen Rudolf von Tübingen, 1268 sogar »Stadt« genannt worden. Der mächtige, im Kern romanische Kirchturm kündet von dieser Vergangenheit. Unser Blick in die Hauptstraße zeigt ein reichlich erdiges Dorf auf der rauen Alb. Die Durchfahrt ist seitdem breiter geworden, asphaltiert und mit Gehwegen eingefasst, und manch eines der alten Häuser wurde zugunsten von Garagen und Stellplätzen wegsaniert.

Seite 9:
Friedrichshafen / Am neuen Hafenbahnhof in Friedrichshafen sind offenbar als letzter Schrei der damaligen Kommunikationstechnik Lautsprecher installiert worden. Sie

mussten, ähnlich wie die Bahnhofsuhren, vom Lautsprecherspezialisten geputzt und gewartet werden. Der akustische Service hat inzwischen Blumenkübeln vor dem Bahnhof Platz gemacht.

Diese Seite:
Teinach / Die Sägemühle im Nagoldtal beim Bahnhof Bad Teinach vermittelt ein urwüchsiges Bild von der waldreichen Umgebung. Im stillen Seitental ist, ausgehend vom hochgelegenen Burgstädtchen Zavelstein, seit dem 14. Jahrhundert das Wildbad Teinach entstanden und im 17. und 18. Jahrhundert durch Besuche der württembergischen Herzöge geadelt worden. Den herrschaftlichen Badeeinrichtungen haben sich dann im 19. und 20. Jahrhundert die ausgedehnten Anlagen der Mineralbrunnenindustrie angeschlossen.

Einbandrückseite:
Seine »Zeitreisen« unternahm Ernst Schiller mit der Bahn

Fotograf und Autor

Der Hobbyfotograf *Ernst Schiller* (1900–1969), geboren in Schnait im Remstal als Sohn einer Weingärtnerfamilie, war Uhrmachermeister und stellte von den 1930er-Jahren an im Auftrag der Stuttgarter Firma Kutter Bahnhofsuhren. Auf seinen Reisen machte er zahlreiche Fotoaufnahmen von Orten und Landschaften Württembergs.

Der Herausgeber und Kommentator der Bilder, *Gerhard Stilz* (geboren 1940 in Schnait), ist ein Neffe von Ernst Schiller. Er studierte Anglistik, Geographie und Philosophie und wurde Professor für Englisch an der Universität Tübingen. Zeitweilig lehrte er auch an Universitäten in Indien, den USA und Australien sowie in Stuttgart und in Halle an der Saale. Mehr als ein Dutzend Bücher und gegen einhundert wissenschaftliche Artikel hat er im Bereich der englischsprachigen Literaturen und Kulturen publiziert.

Danksagungen und Informationsnachweis

Herzlichen Dank für das Zustandekommen dieses Bandes schulde ich Rudolf Schiller, Hermann Schiller und Elisabeth Wilkens, die den Bilderschatz ihres Vaters für diese Veröffentlichung freigegeben haben.

Bei den Recherchen zur Einleitung und zu den Bildkommentaren waren mir besonders hilfreich:

Das Land Baden-Württemberg, hrsg. von der Landesarchivdirektion, 8 Bände (Stuttgart: Kohlhammer, 1975–83).

Historischer Atlas von Baden-Württemberg, hrsg. von der Kommission für geschichtliche Landeskunde Baden-Württemberg (Stuttgart: Landesvermessungsamt, 1972–1988).

Handbuch der baden-württembergischen Geschichte, 6 Bände (Stuttgart: Klett-Cotta, 1992–2007).

900 Jahre Haus Württemberg, hrsg. von Robert Uhland (Stuttgart: Kohlhammer, 1985).

Gute, ortsnahe Informationen lieferten auch die einzelnen Kreisbeschreibungen der Verlage Konrad Theiss, Stuttgart, sowie Thorbecke, Ostfildern, die in den Jahren seit 1970 erschienen, aber als Reihen leider unvollständig geblieben sind.

Sehr dankbar bin ich darüber hinaus den Leitern und Fachleuten der Kulturreferate bzw. des Denkmalschutzes in Neuenstein, Pforzheim, Sindelfingen, Schwäbisch Gmünd, Stuttgart oder Winterbach sowie vielen weiteren freundlichen und kenntnisreichen Informanten, von Hechingen, Urach oder Geislingen über Öhringen und Möckmühl bis Niederstetten und Königshofen, die mir in mancher schwierigen Frage vor Ort weitergeholfen haben.

Impressum

1. Auflage 2010

Umschlaggestaltung:
Christoph Wöhler, Tübingen.
Druck: Gulde-Druck, Tübingen.
Printed in Germany.

ISBN 978-3-87407-889-4

Eberhard Neubronner
Steine im Brot
Dorfleben auf der Alb
Fotografien
von 1850 bis 1950
Silberburg-Verlag

Eberhard Neubronner
Nägel am Schuh
Landleben auf der Alb
Fotografien
von 1890 bis 1950
Silberburg-Verlag

Inhalt